JN408946

# 오솔길 정원

# 오솔길 정원

풀 냄새 속삭임 멀고 가까이 들린다
벗어남 있어 아름다운 산촌의 즐거움

김용섭 시집

도서출판 천우

## ● 시인의 말

시와 함께 살며 시의 밭에서 모두가 사랑하는 아름다운 사랑 꽃을 가꾸고 싶었습니다.

어린 시절 내팽개쳐진 오이 넝쿨에서 풋오이를 따서 먹던 오이의 향이 코끝에 평생 스며 있습니다. 전원에서 주렁주렁 열리는 과일을 보고 기뻐하고 열매 맺는 갖가지 나무를 기르고 싶었습니다. 맑은 공기가 홰를 치고 보살펴주었지요. 산촌에서 쇠의 울음을 듣지 않고, 잉그락불 일렁대는 지나온 이야기를 아궁이에 부지깽이 붓으로 퍽 그려보았지요. 하고 싶은 일 하면서 산다는 것이 축복이지요. 시작(詩作)을 꾸준히 하면서 서정의 세계에 푹 빠져 살았습니다.

늘 외롭지 않게 해준 자연이 고맙습니다. 햇살, 바람, 하늘, 달님, 별님, 나무, 물 등이 옆에 있었기에 시의 농사를 지을 수 있었습니다. 얼레빗으로 헤일 수 없는 머릿결을 빗어 사랑, 그리움, 보고픔을 그려 보았습니다.

봄 햇살처럼 약한 듯하지만 따스한 글을 쓰고 싶었습니다. 그러나 문학 세상에 헤집고 나오기엔 연약한 수줍음이 많아 망설여지고 힘들었습니다. 여름 소나기 밭에서 노오란 들참외를 만나고 가을 풍성함 속에서 된서리 맞은 단풍 깻잎 길을 돌고 겨울 찬 바람을 가슴으로 비비며 하얀 설탕 위에 '사랑' 이라 썼지요.

노란 병아리는 참 귀엽고 이쁘지요. 어미 닭은 여러 날 알을 모으고 품어 모성과 정성으로 목마름과 배고픔을 참아내면서 체온을 유지하고 온몸으로 품은 알을 굴리며 기다립니다. 그날이 되어 알에서 깨어 나온 병아리는 삐이—약 삐—약 엄마를 찾습니다. 엄마는 이곳저곳을 데리고 다니며 삶의 체험과정을 거칩니다. 병아리를 보호하기 위한 어미 닭의 몸짓과 행동은 대단하지요. 병아리는 새로운 탄생입니다. 보면서 느끼고 배우며 햇병아리, 약병아리에서 어미 닭이 됩니다. 새로운 시의 탄생과 다를 바 없어 보입니다. 더 나은 시의 세상을 꿈꾸고 꾸준히 정진하며 살겠습니다.

2018년 가을에

제1부

# 아름다운 삶

팔공산 산책 — 13
귀로(歸路) — 14
논개 아주머니 — 15
음악회 — 16
협심(協心) — 18
고향 예찬 — 19
심사(心思) — 20
국밥 — 21
다문화 가족 — 22
동행 — 23
들마루 풍경 — 24
비나이다 — 25
딸기 — 26
손주의 아름다운 사랑 — 27
복수초 — 28
고봉(高捧) — 29
회상(回想) — 30

제 2 부

# 세월 분 바르고


닮고 싶다 _ 37
고려 산책 _ 38
태풍을 부르는 마음 _ 39
여름 이야기 _ 40
안개 _ 41
호국 의지 _ 42
광주리 _ 43
능금 _ 44
내력 _ 45
흐른 세월 _ 46
마음 _ 47
가을 하늘 아래 _ 48
철조망 소나타 _ 49
들마루 서정 _ 50
연미정(燕尾亭) _ 51
여의 갈대 _ 52
미련 _ 54
초승달 _ 56
성찰 _ 57
객지 _ 58
그래도 _ 59
고려산 심경(心境) _ 60
보름달 _ 61
장마당 _ 62
명절 _ 63
농악 _ 64
신작로 _ 65
추억 안주 집어요 _ 66

제 3 부

# 그리움

친구 — 69
가는 정(情) — 70
옛날이야기 — 71
누룽지 — 72
누이 — 74
기다림 — 75
봄볕 — 76
비무장지대 — 77
누에섶 — 78
모닥불 없어도 — 79
정 담은 보따리 — 80
동행 — 81
화로(火爐) — 82
열무김치 — 83
어머니 — 84
감꽃 — 85
탁주 — 86
고향 — 87
사랑 — 88
봉숭아 — 89
유년 생각 — 90

제 4 부

# 산촌에 살아요


산초(山草) — 93

점 하나 — 94

초심(草心) — 96

백령도 찬가 — 97

귀향(歸鄕) — 98

햇살 — 99

들 울림 — 100

산촌 이야기 — 101

삶이란 — 102

산길 — 103

매화 — 104

순정 — 105

진심 — 106

산딸기 잔치 — 107

타는 농심 — 108

산촌의 사계(四季) — 109

언제쯤 — 110

제5부

# 정 쌓이는 언덕

추곡(秋穀) — 113
그렇게 살지요 — 114
계절의 맛 — 115
산 — 116
아름다운 사람 — 117
사랑길 — 118
뒷사랑 — 119
아쉬움 — 120
열매 — 121
추억 더듬는 기억 — 122
정 — 123
행복 — 124
쇠 울음 — 125
의지 — 126
사제 풍경 — 127
만남 — 128
진달래 축제 — 129
합창제 — 130
산촌의 봄 — 131

**해설** 자연과 동화된 삶과 그리움의 노래/ 김전 — 132

# 제1부

# 아름다운 삶

# 팔공산 산책

장수 잘 있잖아
팔공산이 장안산 해오름을 보고
장안산은 팔공산 해넘이를 보았지
비 올 때도 있고 눈 올 때도 있더라
어디나 찬 바람 일고 더운 바람도 일지
신선한 사랑
정 담긴 흙 내음
돌돌돌 흐르는 물
강한 햇살
넉넉한 달빛
초롱이 샛별
솔가지 꺾어 쌓아 올리고
달집에 소원 담던 그 마음
그날의 보름달을 간직하며
팔공산을 보며 자랐지

# 귀로(歸路)

산촌에 내리는 포근한 함박눈
누룩이 먼저 취해온다
북풍(北風) 눈꽃도
송설송설 먼지 털며
산바람 타고 봄 오겠지

들녘에 여미는 훈훈한 햇살
산초 가시 쏘는 향 솔가지 덧세우고
남풍(南風) 나숭개* 꽃
기웃기웃 고개 떨궈
보슬비 입맛 돋우마

강가에 세차게 퍼붓는 갈대비
산 꿩도 숨어 땀 흘린다
폭풍(暴風) 매인 열매
갸웃갸웃 볼 만지며
비바람 여름 나야지

암벽에 사뿐히 뿌리는 오색
물 단풍 연지 찍고 임 기다린다
추풍(秋風) 익어가는 노을
기륵기륵 긴 목 내밀며
신바람 내년 오련다

* 나숭개 : '냉이(십자화과의 두해살이풀)' 의 방언(경상, 전라, 충청).

# 논개 아주머니

논개 아주머니 숨결 느낀
섬진과 금강의 최상 분기점
죽죽 늘어선 송림의 파도가 시작되는 곳
수분(水分) 아랫마을 물기둥 시작점
부드러운 바람 풍부한 음이온
너그러운 인간미
따사로운 맑은 햇살
아마도 가장 아름다운 사랑의 시작
나눔과 베품이 있는 장수(長水)
아름다운 정 여유 있는 인심
푸짐한 솔바람
섬진과 금강의 최고 분기점
여기 세상의 잡념을 늦깎이로 받는 산촌(山村)
산뜻한 물 내음
생명의 가느다란 원천(源泉)
녹색의 웰빙 옷차림
싱싱한 이곳은 진정한 매력
섬진과 금강의 최상 분기점
오르고 아래로 보이는 매력
논개 아주머니 충절의 고향 장수

# 음악회

무대 위 저녁노을
평화 음악회
오월의 향기 견자산 자락
흥을 돋우는 자운영* 물결처럼 이는
아카시아 바람
자연 바람에 날린 이 내음 저 소음에 숨을 고른다

시작의 연주 연한 향기
합창의 장관 진한 밤바람
아!
찌든 심신 닦아 신선의 기(氣) 마셔본다

익어가는 무대에 출연한 이들의 매력에 매료된다
밤 식물 바람 동물 무대는 하나
개구리 합창
구구새 구~구  구~구
임 그리는 밤 뻐꾸기
외기러기 끼~르륵 끼~르륵
특별 출연 부엉이마저…
화려한 밤 외출

개구리 힘
농부의 풍년 기약
농악이 시작되네
풍년 되세! 풍년 되세!

구구새 반주
황토교향곡 시작되네
평화롭네! 평화롭네!

감자부터
매운 고추까지 스며드는 아카시아 향기
차분한 속삭임 어둠 내릴 때
유기농 열매 맺는 들녘 음악회

파아란 오이 향 코끝 달군다
바알간 딸기 향 입안 적신다

* 자운영(紫雲英) : 콩과에 속한 두해살이풀. 밑에서부터 가지가 여럿으로 갈라져 옆으로 자라다가 10~25㎝까지 곧게 선다. 잎은 깃 모양의 겹잎이며 작은 잎은 끝이 오목하게 길고, 4~5월에 붉은 자주색 꽃이 핀다. 뿌리에는 뿌리혹박테리아가 있어 공기 속의 질소를 질소화합물로 바꾸는 기능을 한다.

# 협심(協心)

세찬 겨울
시금치 닮은 섬 바람
유난히 눈꽃도 많이 피었지

아지랑이 이는 언덕
마음 밭에 심은
진달래 마을 있다지

울긋불긋 능선 따라 모여 사는 고려
마을을 보고
마음을 알고 싶어
어서 가자 길게 늘어선 후예들
울긋불긋 능선 따라 모여드네

아,
진달래 색상에 취하고
진달래 향에 반하여 진달래 미소 가득하네

진달래 닮은 고려산
동서남북 이어진 마음에 진달래 향이 가득 피어오르네

어서 가자 어서 가자

## 고향 예찬

찬란한 영광 이룬
물길 긴 골짜기 굽이굽이 섬진 300리 금강 300리
물총새 제비 잠자리 물춤 추는 곳
싱그러운 풀
생동감 있는 나무
참선하는 바위

솟은 산 휘도는 맑은 구름
아름다운 햇살
상큼한 바람

선비 열녀 충신 충효의 산실

빼어 닮은 드높은 기상
벅찬 긍지
멋진 자부심
사랑 깃든 인심
청정 먹을거리
변절 없는 인간미

산도 물도 바람도 구름도 햇살도 인정도
잘 있어줘서 고마워요

# 심사(心思)

시간은 그대로 흐르고 가는데 천천히 가고 싶네
뻐꾸기 목청 쉴 때 산딸기 익어가고

덜 여문 감자 깨어 둥근 바구니에 담아
달챙이* 긁던 누님
우물가 봉선화가 쳐다보았었지
감자 씻어 삶던 냄새가 그립다

오늘 아침부터 시누이에게 산딸기 한 움큼 따서 보낸다니
왜 이다지 딸기 따는 내 손도 빨라질까
마음이 고맙다
손끝마저 빠알갛게 익어가고
감자 익어가는 향까지 붉게 물든다
딸기 향이 입안을 가득 메운다
코끝을 촉촉이 적신다
산딸기 따라 내 얼굴도 붉어진다

* 달챙이 : '모지랑숟가락(끝이 다 닳아서 무디어진 숟가락)' 의 방언(충청).

## 국밥

많은 식구
큰 가마솥
찾아온 때마다 짓눌린 걱정

넉넉한 물
짭짤한 소금 김치 몇 포기 숭성숭성
식은 보리밥 대충대충

솥의 주인은 김치
솥은 김치에게 주인 자리 내어주고
아궁이 바알간 불
따끈한 사랑으로 주린 배 달랜다

코끝에 풍기는 국밥 냄새
어머니 냄새
사발 양푼에 담긴 가족의 냄새가 그립다
입안에 어머니의 사랑이 고인다

# 다문화 가족

오래되었소
너 나 고향 떠나온 시절 그리며
향수 달래는 마음 같다오
너 고향 어디이고 나 고향 어디인가
언제 어찌 떠나왔는가
고향도 가지가지요
이름마저 다양하지요

글라디오러스 아스파라거스 페튜니아
튤립 수선화 채송화 봉숭아

우리는 다문화 가족
이제 없다가 있으면 반갑고
있다가 없으면 더 그립다오
사계절 적응하며 서로 어우러지며
넓은 세상 정답지요
사랑해요

## 동행

회색 얼룩무늬 복 입고
흙먼지 운동장을 맴돌았지
서로가 힘든 운동장
호통치며
땀 흘리며
그래도 쌓인 우정이 있었지
흔한 음료수보다
누런 주전자에 담긴 수돗물
운동장에 맴도는 흙먼지 우정 섞인
땀 내음
추억 더듬는
그날이 그리워

## 들마루 풍경

합창 멈춘 개구리 들녘
귓전 더운 쇠울음 울린
귀뚜리 가을 길 달리네

황금 들마루
석양빛 내리 깔렸네

황혼 석양빛
황금 들마루
콩 튀는 밭고랑 찬 이슬 품었네

황금 볏단 높이 올린
소달구지 콧김 품으며
터벅터벅 농심 달구네

찬 바람 된서리에
호박꽃 놀라 가던 길 멈췄네

밝은 달빛은 온 누리 다 품어
넉넉함 주었네

저 별은 윙크하며
연인들의 다짐을 반기네

# 비나이다

간절히 비는 소원 담긴
정 담긴 야무진 손
손주의 글 그림 담긴 이 세상
어느 곳에서 구해온 보물보다
가장 가치를 지닌 고마운 보약
삼월 삼짇날 정성 실은
소지* 종이 불 댕겨
손 모아 빌어 올린
비나이다
비나이다
비우나이다

* 소지(燒紙) : 굿 · 동제 등에서, 신령 앞에 비는 뜻으로 얇은 종이를 오려서 불을 붙여 공중으로 날리는 일.

# 딸기

산딸기 하얀 꽃
짙은 향기 더한다
온 산촌의 벌을 끌어모아 꿀 잔치 벌였나

혹시나 덜 익은 것일랑 내가 먹고
빠알간 열매에 잠긴 얼굴을 그려본다

하트가
하나하나 집게손가락에 끌려온다

수많은 생각에 잠기며 너를
깨끗한 소쿠리에 수북이 담아 기다리련다

## 손주의 아름다운 사랑

어느 날 알에서 깨어 나와보니
나는 노란 병아리
이른 봄 동살
호기심에 엄마 품 떠나 놀러갔어요
찬 바람 살금살금 불어 내 얇은 옷깃을 잡아요
모퉁이에 쌓인 싸락눈 쪼아보지만 차가~워
엄마 추~워  손~ 시려 발~ 시려 콧물~ 나와
삐악 삐이약 삐~약
엄마 품이 그리워
아이 따~스워
종종종 뒤뚱뒤뚱
노오란 개나리꽃이 나를 보며 웃고 있어요
아기 병아리 부르는
꾸꾸꾹 꾸꾹꾸 꾸꾸꾸
너무 진한 사랑과 그리움
나는
노란 병아리
엄마와 함께한 하루가 좋아요
엄마의 마음은 그냥 우두커니 생각만 하고 있어도
마냥 그렇게 아름다워요
속절없이 옛적에 있고 싶어요
강아지풀 뽑아 든 어린 손
멍멍이와 같이한 놀이
아기 병아리도 엄마의 사랑을 느껴요

# 복수초

쓸어도 쌓이는 습설
차분한 만남의 싸릿대

봄의 첫사랑 노오란 복수초
수줍음 감추며 눈 샛길 내민 연한 볼

옛날의 것이 내리는 날
순한 솔바람에 시린 손가락 비비며
발가락 녹이며 옛날을 돌아본다
그래도 남녘 향수는 맴돈다

# 고봉(高捧)

풀이 성한 오뉴월
오전 고봉 풀 한 짐
상추쌈 고봉밥
오후 고봉 풀 한 짐
큰 사발 고봉술

힘도 고봉
정도 고봉
마음도 고봉
고마움도 고봉
그리움도 고봉

열무 심은 밭둑에
높은 흰 구름 떠가는
고봉 바람 참으로 찬란하다

우리네 마음도
그날의 고봉이었음 좋으련

# 회상(回想)

지나온 날이 많은 생각을 낳는다. 앨범을 펼쳐 한 장씩 넘겨보는 내 모습을 사진 속에서 찾아보니 지난 일들이 그리워 추억 속에 묻힌다.

단단하던 종아리 장딴지가 말랑거리고 가늘어졌다. 하지정맥 핏줄이 튀어나와 엉기고 가죽이 거칠며 탄력이 없어 보인다. 너무 서서 살아서일까?

길을 거니는 어르신들의 발걸음을 보면서 나도 저렇게 느려졌겠지 하면서 흉내는 내지 말자고 다짐해본다.

손을 곧게 펴며 손등을 보니 피부가 거칠고 주름져 있어 어머니가 더욱 생각난다. 손가락이 뻣뻣하고 마디가 굵어졌지만 옛 시절을 생각하며 힘을 주어 글을 써본다.

시장에 가보면 정겨운 모습이 보여 자주 와야지 하며 힘이 빠지지 않게 허벅지에 힘을 넣어본다.

거울에 얼굴을 비춰보니 작년보다 검버섯이 늘어가고 더 크게 보여 문질러 보았다.

아내가 새치머리를 뽑아줘서 세어보았지만 점점 늘어 지금은 포기상태이다.

눈썹까지 서리가 내리니 웬일인가. 돼지털처럼 뻣뻣하며 탄력 있던 머리털이 힘이 없다. 아내마저 가끔 흰 머리칼이 보이고 많이 빠진다고 하니 내 책임인가 하여 미안하다. 그래도 등 긁어줄 아내가 있어 행복하다.

청년 시절 운동을 좋아했으며 몸이 가벼웠던 그날이 삼삼히 떠오른다. 지금은 무거운 몸 때문인가. 순발력도 사라졌다. 자꾸 눈앞이 흐리고 침침하여 크게 떠보고 손으로 비벼보지만 그저 그렇다. 그러려니 하면서도 최전선 GP에서 선명하게 북쪽을 살피던 그날이 언제였던가 싶다.

해마다 가까이하는 약의 종류가 많아지고 챙겨 먹는 일이 빈번해졌다. 아내도 나를 따라하려 하니 안쓰럽다. 젊어서는 일과 가까이하고 노년기는 병과 가까이한다는 말이 실감 난다.

조금의 찬 바람에도 콧물이 참지 못하고 흐르며 눈물방울이 맺혀 손수건이나 휴지를 호주머니에 달고 생활하니 최전선 혹한의 병영 생활이 언제이었던가 손가락으로 짚어본다.

사스 에볼라 메르스 녀석들은 나이 든 이들을 더욱 괴롭힌다니 정신 줄 놓을 여유도 없다. 그래도 보건소에서 독감 예방접종, 폐렴 예방접종을 무료로 해준다니 고마우면서도 면역력 약자가 되었나 생각해본다.

음식을 맛있게 먹어보려고 입에 넣어보지만 씹어야 맛이고 씹는 멋도 있으련만 씹는 힘도 약해지고 이빨 사이로 파고드는 아픈 사연 그 누가 알아주겠는가? 지금은 단 음식을 멀리하는 시대에 살지만 시원한 우물물을 퍼 올려 큰 대접에 사카린을 풀어 벌컥벌컥 들이켰던 맛의 즐거움이 온몸에 퍼진다.

내 귓전에 엄마 아빠 소리가 멀어지고 할머니 할아버지 소리가 일상화되어 혼란스러웠지만 손자들의 행동과 말소리가 너무 행복하다. 엉덩이 붙일 사이 없이 바빴던 세월이 있었지. 지금은 엉덩이 살이 빠지고 손발마저 차가워지면서 엉덩이가 따뜻한 구들장이 간절히 그리워진다.

친구 모임에 가면 술, 담배를 멀리하는 친구가 갈수록 많아졌다. 또한 친구들의 얼굴에 잔주름이 만날 때마다 더 많아 보이고 예전 같지 않게 힘이 없어 보인다. 친구에게 비친 나의 모습도 같겠지?

핑계 같지만 세월을 재촉하고 싶지 않아서인지 발걸음이 느려졌다. 하지만 해 질 무렵 거울에 비친 내 모습을 보면서 해가 짧아졌다고 느껴진다.

정신없이 일에 몰두하며 생활할 때는 몰랐는데 발뒤꿈치에 군살이 박혀 딱딱해지면서 예전보다 감각이 둔해지고 족욕 한 후 발바닥 전용 도구 사용이 필

요해졌다. 양말을 벗으면 따스했던 발이 온기가 별로 없고 발 냄새도 사라졌지만 더욱 그립다. 요즘은 아내의 손발도 차가워져서 속상하고 마음이 저리다. 내 책임인 것 같아 미안함이 더 커졌다.

운동화 신는 것이 구두보다 훨씬 편해졌다. 구두 광내어 신고 뚜벅뚜벅 힘차게 걷던 때가 어제 같은데 예전 뒷굽에 쇠로 된 징을 박아 걷던 사람들이 생각난다.

부모형제들이 하나둘 곁을 떠난다고 생각하니 '너도 흙으로 돌아갈 때를 준비하라' 는 말이 생각난다. 참으로 세월이 빠르다. 언제인가 쓰러진다면 "연명하기 위해 호스 끼우지 마라." "연명하지 말고 존엄사를 꼭 실천하라!"는 말을 글로 남겨본다.

책이고 옷이고 버리지 못하고 그동안 모으는 일에 익숙했지만 이제 하나둘 버리는 일이 많아졌다. 마음을 비우니 편하다. 그래도 묵은 구두를 신발장에 다시 정리했다. 내 몸을 지탱하며 누벼줬던 추억이 삼삼하고 그립기도 하다. 지금은 갈 곳 오라는 곳이 퍽 줄어 구두 신을 일이 줄었지만 행여나 초청받은 예식이나 모임, 찾아오는 지인과 국밥 한 그릇 먹으러 갈 때를 위해 구두약을 바르고 융으로 광을 내어 닦아본다. 아내의 구두도 닦으면서 40여 년 나의 뒷바라지로 애쓴 아내의 모습이 구두 콧등에 어른거려 더욱더 광을 내어 닦아본다.

자식 학자금 대출 몇 년 동안 다 갚고 결혼시킨 후 홀가분하다 싶게 퇴직하고 전원으로 떠나왔지만 왠지 또 허전하다. 자식 뒷바라지하며 바쁘게 살아온 당신, 화장 한번 제대로 않던 아내의 얼굴에 잔주름이 보여 싫다. 끝까지 서로의 곁을 지켜주는 것은 부부의 연인 걸. 부부가 제일이다. 그래도 사랑은 늙지 않는다.

오늘 아내의 손을 잡고 골라 봐야지. 화장품을….

제2부

# 세월 분 바르고

# 닮고 싶다

닮은 것
닮고 싶은 것
닮고 싶다

콩 심은 밭
콩을 거두고 싶어서
콩 닮고 싶다

산비둘기 날갯짓 이는 바람결에
더운 밭 열무 엉거주춤 자라고

푸두득 파드득 두견새 나닐 때
산은 온전히 푸르며 파아란 들 거느린다

풋대추 익어갈 무렵
풋밤 옷 갈이 할 무렵

닮은 것
닮고 싶은 것
닮고 싶다

# 고려 산책

고려산
진달래 군락 있다지
울긋불긋 능선 따라 모여 사는
고려 마을을 본다지
고려 마음을 알고파
고려 마을을 보고파
어서 가자 길게 늘어선
고려 후예들
울긋불긋 능선 따라 모여드네
아,
진달래 색상에 취하고
진달래 향에 반하여 진달래 미소 가득하네
고려산
동서남북 이어진 강화산성

# 태풍을 부르는 마음

속수무책 매미* 위력
들녘 웅덩이 가득 고인 눈물
비닐 옷마저 찢겨 펄럭이고
스쳐 지나간 애타는 상처
벌목처럼 가로수 어둑한 낮 늦잠 청하고
번쩍이는 섬광에 놀란 강아지
꼬리 감추는 모습 보기 싫다

에이!
애타는 농촌 들녘 더욱 힘들다

물 양동이 깨질 듯 다니는 길마다
흙먼지 자욱하여 숨 고르기 힘들다

농부 주름살 같은 논바닥도 하늘을 본다
뙤약볕 키 작은 옥수수마저 어깨를 떨어뜨린다

오늘도
뜰에 핀 기상나팔
새벽길 연 봉선화 백일홍 코스모스
이슬비나마 흠뻑 적셔주고 싶다

* 매미 : 2003년 9월 6일에 발생하여, 경상북도 울릉군에 큰 영향을 끼친 태풍.

# 여름 이야기

매미는 더위를 먹고
항아리에 안긴 쉰— 막걸리
묵은 사발에 담긴 맛
손가락 담가 들이켠 정
손가락으로 잡아 올린 삭은 열무김치
풋고추 된장 찍어 입을 달랜다
더위 달랜다
연달아 부채질해댄다
매미도

# 안개

오늘도 밭고랑 거닌다
삼총사 칠 공주 만난다
촉촉이 이슬 머금어 목 축인다
이른 아침 이마에 맺힌 땀방울 세수한다
안개 분 바른다
걷힌 안개 사이로 불가마 숯덩이 보인다
더운 찜질 땀 흘려 몸치장하련가
흙을 만진다

# 호국 의지

강화 산성에 깃들인 절박한 숨결
한 땀 한 땀 쌓아 올린 호국의 기상
망루에 버틴 장수의 빛나는 눈망울
펄럭이는 군기의 위엄

닳아빠진 손톱으로 쌓은 바윗돌
틈 사이 박힌 이끼 되어 바람 따라 긁어대네

북녘 비바람 불어 넘어질라 빈틈 막은 호국 의지
협동단결로 맺힌 산성의 길고도 짧은 호흡이여
아사달 아사녀의 애틋한 사연 닮은 임의 숨결
산성에 부딪쳐 비벼대네

# 광주리

모내기 농군 손길 바삐 움직이고
빼꾸기 재촉하누나
이제 오나 저제 오나 허리 펴며 돌린 고개

광주리 담긴 정성 탁주 대접 보이네

빼꾸기 오늘인데 그 옛날 그리운 정 보고 싶네
광주리 담긴 사연 고봉밥만큼 그립네
황새 부부 기웃대고
뜸부기 엿보네
토끼풀 잔디 위 펼쳐진 흐뭇한 인정 푸짐도 하제

# 능금

향 깊고

벌레 먹은
능금

그리움

삶을 머리에 이고 온 광주리
삶의 무게만큼 머리에 인 광주리

능금 향 피어나는 광주리
광주리에 스며 있는 능금

즐비한 과일가게
그날의 능금 향 보이지 않네

# 내력

타향
자주 이사하는 시절
작은 용달
이사 날이면 오셨다

이것저것 많이도 챙겨서 새끼로 칭칭
노끈으로 바싹 동여맨 정부미 자루였다

지금 전원에서 내일 아들 집에 가련다
아내는 며느리 아들 손주를 생각하며 넣는다
묶는 내 손을 보니
그날 그 모습이 아른거린다
아마도 그러하셨겠지

나도 그때의 부모님을 닮아 있었다

언젠가는 아들도 손자도 닮아 있을까

# 흐른 세월

아지랑이 이는 실개울가
버들강아지 눈망울 껌벅인다
여린 볼 스치우는 유년의 신선한 아침

더운 날 풀 더미 이고 땀 흘린 과제
풀 냄새 속삭임
멀고 가까이 들린다
매미의 여름교향곡
정자나무 아래서 눈 지그시 감고
풍년부채 휘저으며 감상하는 모습이 보인다

그리움에 아프다

벗어남 있어
아름다운 산촌의 즐거움
갈 수밖에 없는 치유의 흙

뽕잎 먹여 누에 치는 모습이 어른거린다
토마토를 만져보고 따 보았어요
어머니를 닮아가고 있었다

# 마음

하늘 높이 날려 하는 연의 마음을 움직이는 것은
끈인가
바람인가
마음인가

바다 깊이 낚싯줄을 담그는 것은
낚아 올리려는 사람의 마음입니다
물결 따라 덧없이 흐르는 삶 속에서도
물 위로 솟구쳐 오르려는 삶을 살고 있습니다

세상은
연줄을 부여잡고
흔들흔들 올라가려는 용틀임입니다
개천에서 승천하여 하늘 바다를 헤엄치는 용

낚싯줄을 움켜쥐고
당겼다 늦췄다 하여 낚아채려는 마음은
끝이 보이지 않는 세상이니까요

# 가을 하늘 아래

잎새마저 누렇게 익어가는 가을이 오면
벼 베기를 마친 논배미에선
고단백 식품을 선물하여 힘든 농군의 심신을 달랜다
벼 잎사귀 사이 메뚜기 튀는 추억이 피어난다

세워놓은 볏단 이파리 사이로
삼단 널뛰기 숨바꼭질 자랑한다
큰 대병을 들고 병목을 부여잡고 집어넣는
익숙한 추수의 현장이다
옆구리에 매인 주머니는 가을 들녘의 패션 무대이다

그렇지 주머니 옆에 차고
잽싸게 낚아채는 포획기술자까지 많았지
여기저기 논배미 들녘엔 노을이
볏단에 길고 짙게 스미는 서정이 절정을 이룬다
된서리 끼인 해 넘기는 산촌의 언덕
빨간 홍시 냄새마저 따스한 입술 차갑게 적신다

# 철조망 소나타

동—서 서—동
핏줄처럼 이어진 철조망

살 에는 바람에 울어대는 철조망
밤과 낮이 따로 없이

달빛에 비친 휘파람 소리여
손톱달 그믐달 보름달이 따로 없구나
고통인가 그리움인가 상처의 아픔인가
별을 보고 울어대는 것인지
별이 나를 보고 울어대는 것인지

철조망에 막힌 바람이여
철망에 부딪혀 달래보련

# 들마루 서정

봄 햇살 실바람 실개천 모퉁이
송송 솟는 옹달샘 자리한 소금쟁이 놀이터
쑥 식구 언덕 너머
묵은 밭 고개 내민 냉이
된장찌개 냄새가 입안을 맴돈다

물총새 물장구치는 실개천 골목길 모습이 조화롭다
고개 내민 연록 향 찔레순
조금은 머—언 솔바람 향 코끝에 닿는
햇살 돋는 골목이 따뜻하다

감잎 단풍 샛길
익어 보인 떫은 감
서로 보며 얼굴 붉힌다

황금 들녘
진한 바닥에
누워 지낸 볏짚만 포근하다

# 연미정(燕尾亭)*

연미정 툇마루
기둥에 기대어
옛사람 가는 길목 따라 보고픔 타올라
고려산 바라본다

연미정 돌마루
성벽에 손 짚어
옛 성곽 따라 그리움 솟구쳐 피어올라
문수산 바라본다

오늘따라 바람마저 괜히 적막하던가
조용한 바람만이 머뭇거린다

한강 물결 따라 바람으로 새긴 사연
강동 토성 담은 편지
한강 물결에 새긴 고향 사연
연미정에 올라 사랑으로 전한다

* 연미정(燕尾亭) : 인천광역시 유형문화재 제24호. 정면 3칸, 측면 2칸의 팔작지붕건물. 월곶리는 한강과 임진강이 합류하는 지점으로서 물길의 하나는 서해로, 또 하나는 갑곶(甲串)의 앞을 지나 인천 쪽으로 흐르는데, 그 모양이 제비꼬리와 같다 하여 정자 이름을 연미정이라 지었다고 전한다.

# 여의 갈대

바람은 갈대의 목을 잡고 세상을 흔든다
순수한 순정의 바람은
세월을 말하려는 듯
갈대의 목을 잡고 흔든다

여의 청정 밤섬은 풍성한 희망이었다
밤 주우러 왔나
밤 가시 피하러 왔나
아니다 살피러 왔겠지

여의 밤섬
갈머리 흰 무리들
바람 따라 머릿결 흩날리며
흐느적 기웃대며 몰려다닌다
여의 갈대밭은 오늘도 흔들며 즐겨 논다

백령 교동 여의나루 가보니
빛바랜 흐릿한 물에 잡쓰레기 노니는구나
떼 지어 때가 되면 몰려다니며
목소리 높이는 기러기 떼
뿌리가 있기에 잎 열매가 있다
뿌리 뽑히면 맥 못 추는 잎 열매

갈대 뿌리가 좋다 하니 뿌리를 흔들어 뽑는다
뿌리가 되어줬음 좋으련

밝은 달 언제 보려나
맑은 햇살 언제 보려나

여의도에 비친
조각난 이야기
방충망 사이로 걸러지나

조각난 퍼즐
오늘일까
내일일까
다음일까
언제 모아지나

여의나루에
매화 고봉으로 실어 왔건만
향기는 없다네

# 미련

오는 이 가는 이의
기차 정거장은 늘 기다림이 맴돈다

플랫폼의 희미한 빛 사이로
아른대는 객실의 모습은 깊은 미련이 잠긴다

차창 너머 비치는 불빛은
한적한 그리움을 간직한 채
새벽을 맞이한다

새벽안개
아쉬움을 뒤로한 기차는 긴 메아리를 남기며
머물러야 할 또 다른 정거장을 찾아간다

사랑은 만남과 이별의 사연이 있지

차가운 기쁜 사연
따스한 슬픈 사연

그리운 얼굴이
유리창에 비치면

아련히 떠오르는
추억의 물결이 인다

차창에 아련히 비치는 그리운 얼굴
가슴 저민 이별의 사연을 그려본다

검정 밥차를 달고 다니며
큰 아궁이 붉은 솥에 밥을 먹인다
물을 먹인다
숨 가쁘게 품어내는 증기 속에 아련히 보고픔이 떠오른다

계단 난간에 기대선 나의 뺨에
검정 가루 흩뿌리는
추억 실은 기차는 뿜어내는 뿌연 증기 속에 미련을 날린다

# 초승달

전선의 달빛은
어머니의 사랑

전선의 별빛은
어머니의 그리움

전선의 바람은
어머니의 손길

철조망 사이 스친 세월

녹슨 탄환
녹슨 기찻길
끊긴 다리
인적 식은 멧돼지 길
고향 그리움 닮은 돌담
전선은 찬 바람만 이네

초승달 걸린
전선의 철조망에 긴 외로움 쌓였네

# 성찰

살아오며 어떻게 무엇하며 살아왔나
자신을 돌아볼 겨를 없이
잘한 일보다
잘못한 일이 많다

나에 대하여
만족보다 불만이다

숱한 인생 터널
누워 움직임 못 한
붙들림 속의 터널
쇠 울음소리 들으며

온정으로 살았나
냉정으로 살았나
배려보다
양보보다 어찌 살았나

나 자신을 미워해야 하나
좋아해야 하나
잘못한 점을 후회하고
자신을 나무라며
성찰의 숲이 있는 길목으로 가봐야지

# 객지

객창 사이사이
스며오는 세월
달리는 난간에 내민
얼굴에 톡톡 튀는 주근깨 사연
주근깨 실은 열차에
몸을 맡기고 인생은 달린다
알알이 맺힌 사연 실은
세월은 달린다

# 그래도

이른 봄
창순네
노오란 골담초 따 먹으러 갔다가

비 오는 여름
창순네
질퍽한 마당에 떨어진
풋대추 주워 먹으러 갔다가

잠자리 상고 돌리는 가을
창순네
담 넘어 돌배 따 먹으러 갔다가

멍멍이 꼬리 춤추는 겨울
창순네
고욤 따 먹으러 갔다가

늘 야단 맞았네

먹고 만나고 보고 듣고 싶은
추억이 삼삼합니다
그날이 그립답니다
그래도

# 고려산 심경(心境)

문수산 해 오르면 고려산 바라본다
마늘밭 아지랑이 일고
사이로 보이는 감나무
지난 홍시가 눈앞 서린다
가슴 출렁이니 잔잔한 숨 고르기마저 흔들림이다

지난 일을 그네에 올라 더듬어 바라본다
동서남북 이어진 핏줄
통문을 통해 생각에 잠긴다
북산 오르며 읊조아려 북장대 바라본다
쉼 없는 북산 오읍약수 줄기 목마름 삭이고
남산 아래 찬 우물 마음 달래련다

고려산 진달래 색동옷 능선 따라 흐르는 물결 일렁인다
올해도 고려산 진달래 향 그립다
이제 마음 밭에 함박꽃마저 활짝 피었음 어떨까

# 보름달

동리에 내려진 동원령
동네 아이들 모여—모여
그다지 멀지 않은
동네 뒷동산 향한다
낫을 든 간벌대 형들
소나무 가지 잘라주면
한 아름 듬성듬성 묶어서
동네 냇가 자갈밭에
겹겹이 층층 쌓아 올린다
보름 밥 일찍 챙기고
어둠이 오는 즈음
장안산 공제 선상에
큰달이 오른다
불을 지핀다
달집 둘러선 동네 사람들
치솟는 불꽃 보며
차분한 마음으로 버린다
빈다 바란다 다짐을 가진다
옆 마을 불길도 보인다
보름달은 모두를 품는다

# 장마당

장마다 그리워지는 만남이 있다
인간미의 만남 인정 정과 정의 만남
인심의 만남으로 삶의 모습이 피어나 보인다
가지가지 물건 사람과 만남이
우연이 아닌 인연일 게다
사립문 여니 모이 찾아 모이듯
연달아 아침을 연다
쇳물이 달구어 오르고 덩달아 쇠망치 소리 지른다
튀밥 튀는 뻥튀기 소리도 맞장구 지른다
흥정의 달인 저기 저렇게 보인다
탁배기 고봉 한 사발에 엄지 담가 들어 올리고
술국에 숟가락 함께 나눈 친구도 보인다
할 이야기 하는 일에 맞장구 멋장구
푸념으로 사는 맛 멋을 서로 나눈다
차츰 파장 쪽 인심으로 기울어지는
해 질 녘 인심은 덤을 듬뿍 담아주고 싶어지나 보다
해거름을 아쉬워하며 천천히 어둠막이 내린다
누군가에게 덤을 주는 길로 마냥 가고 싶다
덤이 되어주고 덤이 되어 살고 싶다
그 맛 그 멋 그날이 그리워진다
그 모습이 보고 싶어진다

# 명절

어두운 이른 새벽
정갈한 마음으로 어두움 밝혔지

부뚜막에 깨끗한
정화수 갈아놓으시고
불 지피셨다

딱히 많은 음식은 준비하지 못했지만
지극한 정성 깃든 음식
명절 아침이 밝아온다
검정 고무신 신고
세배 드리러 가야지

떡국 한 사발
조청 한 종지
콩나물 한 접시
시루떡 고사리 토란대 도라지 튀밥 깨강정 콩강정
넉넉한 마음

# 농악

애타는 농심의 애원
다가온다 농심의 소리
멀리서 다가오는 간절함
줘~ 비 줘~ 비 좀 줘~
비 줄까 비 줄까~ 줄까~
비 줄게 줄게 줄게 비 줄게
좀 줘~ 비 줘~ 비 줘~ 좀 줘~
간절함 애절함 담은 묵직함
애타는 농심의 애원
다가온 통증 삶의 언저리
계절은 감내하며
기다림의 굳센 심지 달구네
절망에서 보렴 푸른 솔을
좌절에서 들국화를 보렴
좀 줘~ 비 줘~ 비 줘~ 좀 줘~
간절함 애절함 담은 묵직함
애타는 농심의 애원

# 신작로

덜컹대는 차창에 스쳐 지나가는 미루나무 사이로
희미하게 보이는 고향산

흙먼지 이는 신작로 자갈길을 달리는 마음
고향이 가까워지나

창틀 액자 속에 그려지는 보고픈 얼굴
갈 곳 있고 기다리는 이 머물고
그리움 깃든
그날이 행복이었네

고향 떠난 눈시울
내 마음 나도 모르게
옛적의 모습 볼 수 없지만
내 가슴 깊은 곳에 아직도 자리하네

# 추억 안주 집어요

함께 하고픈
같이 간직하고픈
멋쩍게 쌓인 정
기억나는 걸 어찌하겠소
추억의 낱장 하나하나
들춰보는 아름다움이 있어 즐겁소
형처럼
아우처럼
그 사연 또다시 말하고 또다시 들어도
녹아 흐르는 벌꿀 같은 정이었소
오래오래 함께 함께 추억을 먹고 지내요
막걸리 한 사발에 추억 안주 집어요
김 오르는 따끈한 차 한 잔 나눠요

제3부

# 그리움

# 친구

친구야
무엇을 어찌하며 어떻게 살았는지
그날이 그립기도 하지
만나서 그날 우리가 무엇을 생각하며
무엇을 노래하고 어째 지냈니

풀 빵집
밀 내음 언덕
소쩍새 같은 이야기들을 생각해본다
소풍의 능선 뒹굴어보고
강바람 물바람 냄새를 맡는다

친구야
달고 시원한 얼음과자 빨던 너
이야기의 밤이 깊어가듯 주름진 세월의 골짜기

만나서 그날
우리가 무엇을 생각하며 무엇을 노래하고
어째 지냈는지 들어보고 싶구나
몽실몽실 피어오른 풀빵 맛을 들어본다

## 가는 정(情)

어서 가자
창밖에 여린 그림
조각 그리움
귀향 기차 목이 쉰다

고향 찾는 그리움에 목마저 마르고

신작로 자갈길
울퉁불퉁 맞이하는 가로수
반기는 박수갈채 터널

문득문득 뵈는 빠알간 산딸기
어머니 정 같은 알갱이

재넘이 굽이진 길목 반기는
파란 구름 맺힌 영원한 사진 한 장
기적의 목마름에

문득 아이스케키의 추억이
머리맡에서 숨을 고른다

어서 오라고
빠알간 산딸기 향 입안을 달군다

# 옛날이야기

뻐꾸기 울제
윙~윙대는 들녘
연한 연록의 확장
플 내음 익어가는 논두렁
졸졸 흐르는 도랑물
촐랑대는 멧새
뻐꾸기 울제
못밥

어머니에 대한
그리움의 전령사

그 옛날의 모내기가 서린다
빨간 실밥 박힌 모내기 줄 옮겨 당긴다

뻐꾸기는 재촉하고
빨라진 손놀림

아지랑이 술렁이고
물결 이는 자운영
그 옛날의 것

# 누룽지

그리움
어머니 같은
누룽지 닮은
부뚜막

자주 밟힌 문턱 윤나고
소쿠리에 담긴
쉰 보리밥

좀도리* 쌀 정성 배이고
정안수* 가운데 자리한 소원
거기 윤나는 솥이 있었지

달챙이에 긁힌 사연
아홉 번 긁은 누룽지
삐이걱 부엌문 삐이걱
어머니의 것 가져간
문틈으로 새어나는 어머니 모습

이제
산 더덕 같은 주름진 손에 구수하게 감싸

세월 서성이며 마음 조이는 건
손에 들린 그 옛날의 어머니 밥

그리움 바닥에 깔린
누룽지 사랑
누룽지 황금 냄새 손끝에 배여 있음일까

어머니 닮은
부뚜막 같은
그것

누룽지를 아홉 번 긁으셨다
삐이걱 부엌문 많이 닮았지
문틈으로 새어나는 어머니의 숨결이 그립다

* 좀도리 : 전라도 방언으로, 절미(節米)라고 한다. 쌀독에서 쌀을 퍼서 밥을 지을 때 한 움큼씩 덜어 조그만 단지나 항아리에 모아둔다.
* 정안수 : 정화수(井華水) 첫새벽에 길은 맑고 정한 우물물.

# 누이

뜨건 감자 후—후 불며
여름 끼니 맞이하니
때가 되면 개수 많은 감자 긁던
둘째 누이
사카린 물 개어 뿌리고
눈 매워 눈물 닦으며 여름 땀을 훔쳐냈지
유난히 작은 감자
솥에 노오랗게 눌어붙어 익은 구수함이 서로였지

지금 입에 넣은 더운 감자 불며 생각나는 것이
내 삶이 감자 김에 서려 노랗게 익어가는 까닭일까

# 기다림

들 깊고 울창한 산촌
깊어가는 기다림
아궁이에 불 지펴
타오르는 불꽃 물감
부지깽이 붓으로
아궁이 액자에 그리움 그리는…

쓸쓸함 휘저어 보지만
오늘, 왜 이다지 찬 바람만 이는가

행여나 마음에 장작 한두 개비 더 넣고
오는 길 휘휘 저어 부지깽이마저 태워 보탠다

군고구마 베물고 동치미 깨무는 보고픔

그래도
진한 굴뚝 연기에 스며 오르는 숭늉만은 구수하다

# 봄볕

개울가 파아란 휘파람 새소리
가슴 저려 고개 내민 버들강아지
연약한 봄바람에 옛사람 그리워

이슬 바람 이는 달래고개
냉이 내음에 입술 내민 살구꽃
고개 내민 복숭아꽃

모퉁이 양지녘 봄 인사 반기는 봄 마중 꽃
언덕배기 가는 바람머리 닮은 아지랑이
희미한 옛 시절 삼삼한 그리움

# 비무장지대

비무장인 나를 머물게 한 곳
고요한 고진동 계곡 적막만 흐르고
오목한 오소동 계곡 바람만 거칠지
아픔 박힌 아름드리 소나무 눈물 흘리며 서 있제

누가 달래주나
적막한 이 산야에 누가 혈관을 막았나
산허리를 감싸 도는 칼날 같은 굉음 속에서
광풍 피하지도 못한 채
내 몸은 상처투성이가 되어 오랜 세월 서 있제

북벽의 비로봉 병풍에 남녘의 빠알간 동백꽃 수놓고 싶어라

누가 닦아주나
눈물 마를 날 없는 산야의 세월
비무장인 나를 머물게 한 곳
싸늘한 바람만이 감도네!
따뜻한 양지 그리워

# 누에섶

누에 머문 자리
정성 어린 누에고치 보금자리

뽕잎 자루 머리 이고
성황당 고갯길
누에고치 허리 닮네

가족 밤잠 설친 정성
부모님 손끝 스민 마음
소원성취 기원 담은 사랑
설레설레 머리 흔든 실타래

누에섶 닮은 삶의 무게야
이제 포근한 잠자리 마련하셔요
누에섶 머문 자리

# 모닥불 없어도

친구야
삶의 언덕 넘어
만나고 싶었다
보고 싶었다
지난 이야기 나누고 싶다

모닥불 없어도 깊어가는 밤
나누고 싶다

어디서 무엇을 하며 지냈느냐고
묻고 싶다

아니 묻지 않으련다

밤이슬 맞으며
모깃불이면 어떻고
반딧불이면 어떤가

친구야

# 정 담은 보따리

꾹꾹 눌러 담아 머리에 이고
어깨에 둘러매신 보따리
산길 20여 리를 헤매
봄 향 살아 있는
산나물을 캐고 뜯어 오셨다

해 넘어갈 즈음
헝클어진 머리 까칠한 얼굴 모습

온종일 손놀림에 손등은 긁히고 손톱도 어둡다

쪽마루에 풀어헤친 보따리에서 쏟아낸 봄의 향이 길고 깊다
보따리 안쪽은 차곡차곡히 쌓인 후끈함이 정성이다

이내 끓는 가마솥에 들어간다
닫힌 솥뚜껑에서 가족에 대한 어머니의 정 담긴 땀방울이
흘러내리며 한숨 쉰다
드드득 후—휴—

노오란 묵된장에 버무린 향 깊은 사랑 애타게 그립다

# 동행

고향 골목길 친구와 걷고 싶다
설레는 발걸음
검정 고무신이면 어떻고 운동화면 어떤가
아이스케이크 통도 만나고 싶다

검정 바탕 흰색 두 줄무늬 운동 팬티에
러닝셔츠 입은 친구를 만나고 싶다
해 질 녘 타는 모깃불 냄새가 다가온다
붉은 물감에 젖은 석양 햇살 향수 뿌린다
오랜만에 기다린 동산에 달 오르고
별 가득 담은 하늘이 고맙다
초롱초롱 빛나는 그리움
머리를 고향으로 돌린다

# 화로(火爐)

된추위 대야에 담긴 물
참 차가웠지
대충대충 바르고
잡은 문고리
손가락에 접착제 붙었나
창호지 덕지 바른 방문
어둑한 방 가운데 자리한 화로
발갛게 놓인 불
이내 회색 분 바른 너
따스한 정 품었구나

추위에 어린 손들 저릴세라
일찍 군불 꺼낸 잉그락 숯불
화로에 담아 챙기셨다
시려 드는 손가락 만지며
아버지의 정 담긴 화로를 끌어안아 본다
아마도 잊지 못함은
잉그락불* 일렁대는 아버지의 사랑의 온기가
나의 몸에 맴돌고 있어서일까

* 잉그락불 : '불잉걸(불이 이글이글하게 핀 숯덩이)' 의 방언.

# 열무김치

여름 개울
귀마개 쏙 틀어막고 뛰어들던 날
물총새 물장구치고
물잠자리 퍼르럭 날던
잔잔한 그리움

해 질 녘
학독*에 붉은 고추 갈아
열무김치 집어 먹던 날
입안에 침이 고인다
모깃불 연기 자욱 오르고
자주감자 내음마저 구수하다

* 학독 : '돌확(돌로 만든 조그만 절구)'의 방언.

## 어머니

어머니 닮은 호맹이*
아버지 닮은 망태기
삼태기 멍석 굴러다니네

그립기도
보고 싶거든

어머니 닮은 검정 고무신
아버지 닮은 흰 고무신

어머니 닮은 장독대
아버지 닮은 외양간

나를 받쳐주던 지게 작대기

그렇게 갈아대던 학독
닳아 굽은 숫돌
뭉그러진 절구통
놋그릇에 담긴 그리움
어머니 닮은
그 옛날 사랑 흐르네

* 호맹이(호미) : 논이나 밭을 매는 데 쓰이는 연장. 지역에 따라 호맹이 · 호메이 · 호무 · 홈미 · 호마니 · 허메 · 허미 · 희미 등 여러 가지로 불린다.

# 감꽃

언제 피나 감꽃
감또개* 꿰어 목에 걸어
잠긴 순정 첫 단추 풀던
풋사랑 뭉글뭉글
피어오르던 시절

입안에 든 감꽃 순정이
떨떠름합니다

감꽃 피는 그날이 그립습니다
두 번째 단추도 풀어
사랑하고 싶습니다

* 또개 : '쪼개' 의 방언(경북).

# 탁주

친구
어느 더운 여름날
매미마저 목마름을 달래고픈 날
목소리도 쉬었네
쉰 막걸리 냄새 찾아
주막에 엉거주춤 서서
사발에 푹 퍼준
새끼손가락 휘휘 저어
엄지 담가 끌어 올려
사발 입술에 입맞춤하지
손등으로 입술 닦는 즐거움이여
쉰 막걸리 익어가는 냄새 찾아
소리 찾아 함께 또 가고 싶네
친구여 낡고 시들어가는 것이 아니고
그날은 잊고 살았네
그날이 다시 온다면…

# 고향

한여름
흰 두 줄 운동 팬티에
때 찌든 누런 러닝셔츠
최상의 여름 패션

정오 사이렌 지나
서로 모여 큰 숲 옆으로 끼고
거북이 깨어나 물 찾아가듯이
열 지어 모인다

금강 최상류 말 방천에서
귀에 쑥 틀어막고 헤엄치는
연습이 없었다면 개구리헤엄 실력을
쌓지 못했을 게다

눈 지그시 감으면
물장구치던 우리들의 개구리 모습이
한참 동안 지워지지 않는다

# 사랑

긴긴밤
문풍지 사잇길
밤바람 들라
낡은 돗자리 세워
동지섣달 애간장 달였네

담장 밖 가죽나무 가지에 걸터앉아
이른 소식 전하는 까치

두레박 찬물 올린 손가락 세수
물기 적신 자석 문고리
들어붙는 애기 손가락
문지방 넘어 한가운데 담아 안긴 발간 열기 속
어머니 냄새
아버지 냄새
9켤레 냄새의 속삭임

이제
구공탄 가스 자욱한 도심
성에 낀 차창에 비친
바삐 흘러간 세상 이야기

굵어진 손마디 비벼보며
보고픔 그리네

# 봉숭아

고향 집 우물가에 자리한 봉숭아
통통 물이 올라 살이 쪘다
긴 여름을 재촉한다
손톱에 물들이기 한철을 맞이한다
꽃과 잎을 송송 몽글게 찧어 백반과 조합한다
손톱마다에 덧붙여 올리고
밖으로 새어나지 못하게 칭칭 동여매고
하룻밤을 새고 난다
조심조심 드러나는 손가락 서로 보며
웃음 짓던 봉선화 우애
머언 시절을 가슴에 담아본다
예쁘고 곱게 물든 우애 그 손톱 그대로일까

# 유년 생각

앞으로 긴— 얼굴 내민 트럭
거친 산 촌길 누비는 휘발유 제무시*

또래들과 뿌연 흙먼지 날리며 내달리는
거친 뒤를 따랐다

맡아보지 못하던 냄새를 쫓았다

깊은 호흡
훗날 기억 속의 냄새는 휘발유 매연이었지

냄새 따르던 유년 시절은
지금도 코끝에 남아 흐르는 추억의 여행 이야기

* 제무시 : G.M.C 자동차 회사에서 제작한 사륜구동의 트럭을 일컫는 말. 우리나라의 국민들이 지엠시의 발음을 쉬운 형태로 말하려는 변어.

제 4 부

# 산촌에 살아요

# 산초(山草)

어서 가자고 귀뚜리는 더욱
어머니의 그리움으로 세상살이를 하고 있다
어머니가 살았던 세상을 살고 있다
누에의 어머니 뽕잎 뽕잎을 먹고 자라고
뽕잎에 비치는 햇살이 그리움 끈 되어
뽕잎 먹여 자식 뒷바라지하던 그림을 만나고 싶다
어머니와 함께한 그림
하얀 속을 드러내는 박속처럼 어머니는 흰머리 되어
그 멀은 설움을 어찌 가셨나요
나는 어머니의 그리움을 닮은
엄마 호박처럼 살고 싶다
방 한쪽 윗목엔 호박이 자리하고
포근한 함박눈이 유난히 많은 곳이었다
눈길을 만들며 이웃 간 서로 만나 인사 나누던
그만큼 베품이 푸짐했었지
그날을 더욱 그립게 한다
눈을 쓸면서 성실함과 근면함을 배웠던 시절
여기 그날 되어 어머니와 함께한 눈이 쌓인다
오늘 눈 내리는 도심에서
나의 길을 쓸어내리는 사람이 없어
빌딩 사이 바람마저 차갑다

# 점 하나

조개구름 뭉게구름
피었다가 쉽게 흩날리는 벚꽃
흠뻑 적신 빗물을 쓸어내려 마음을 정리한다
세상을 살면서
나는 세상의 점 하나
점 하나인 나를 버릴 수 있을까
왜 작은 나를 버리지 못하나
나를 잡고 놓지를 못하는 점 하나
하나의 점을 부여안고 몸서리치나
하나의 점도 세상에서 사라질 뿐인데
나를 버리고 너를 위할 수 없을까
같이 걸을 수 있어 건강합니다
그대 목소리 들을 수 있어 자랑입니다
말할 수 있어 행복합니다
그대 모습 볼 수 있어 아름답습니다
곁에 있어줘서 고맙습니다
살 수만 있다면
서로 사랑할 수 있어 감사합니다
함께 생각할 수 있어 행복합니다
쓸 수만 있다면
숨 쉴 수만 있다면

함께 먹을 수 있어 즐겁습니다
웃을 수만 있다면

누군가를 배려하고
양보하고 이해하고
사는 날까지
세상에 살면서
나를 버려야지
여지껏 나를 위해
나를 버리지 못해
너를 힘들게 했지
너를 위할 순 있을까
왜 점 하나를 버리지 못할까

# 초심(草心)

호박도 땀방울 흘리나 보다
멍하게 바라보는 지난날 찌든 도심
성실함 순진함 배우는 두툼한 호박벌
참을 맺는 푸짐한 호박꽃

한 획을 채우고 싶은 사탕
애호박에 이슬 맺힌 이른 아침
싱그러운 열매

풋풋한 아기꽃

꽃의 초심(草心)
선을 보는 아기 열매
입안을 그윽이 메운 호박 맛

## 백령도 찬가

콩돌밭에 밀려오는 그리움
에메랄드 쟁반 위에 은구슬 듬성듬성 담아 올려요
콩돌밭에 박힌 사연
닮은 사연 없어라
큰 사연 작은 사연 콩돌 같은 몽근 사랑
똑같은 콩돌 하나도 없다네
파아란 하늘에 안긴 구름 한 점
빨리 지나가지 않았으면 한다네
파아란 하늘 쟁반에 오래오래 남아요
우리 외롭지 않아요
언제쯤부터인가 만남은 있어도 헤어짐 없이
종족이 가족이 연인이 친구가 서로 뒹굴며
부대끼며 사랑도 눈물도 고봉이어라

# 귀향(歸鄕)

용마산 기슭
아카시아 향 그리울 적
뻐꾸기 울음 듣고 싶기도 하겠지

이별의 아쉬움 때문에
추억의 둥지를 품고
마음짐 버리고
어깨짐 버리고
개구리 소리 듣는 것
맑은 바람 소리 듣는 것

시골에서 산다는 것은
단순하게 사는 것
자연을 닮아 사는 것
새로운 길 알려주고
새로운 자연의 멋 주는 것
보물을 찾는 것 아닌

시골에 산다는 것은
마음짐 버리고
어깨짐 버리고
골담초* 되어 사는 것

* 골담초(Chinese pea tree, 骨擔草) : 콩과의 낙엽 활엽 관목. 높이는 2m 정도이며, 가시가 있다. 잎은 어긋나고 우상 복엽이며, 봄에 나비 모양의 노란빛을 띤 붉은 꽃이 잎겨드랑이에서 하나씩 핀다.

# 햇살

문수산 해 오르니 북산도 밝다
북산 발아래 펼쳐진 들녘
손금 같은 강 건너 벌거숭이 북녘
고려산 진달래 색동옷 능선 따라 흐르는 물결이 일렁인다

남산에서 쏜 화살
불화살 되어
고려산 붉게 물들었네
진한 사랑의 달래여
고려인과의 이별은 아쉬움과 그리움의 전조등
달래와의 만남은 고려 진달래

# 들 울림

이른 봄볕
고개 내민 고향 색 빛바랠라

참꽃 개꽃 피는 날
더 풍성한 봄볕 봄 이슬 들 푸른 초록 멍석 마련한다

뒤울안 골담초의 병아리 노란 주둥이
한적한 뒤 처마 밑 노랗게 물들인다
울타리 개나리 집 모퉁이 덩치 큰 산수유의 노란 원피스
연초록 잔칫상에 들녘 모내기 들 울림
못밥 냄새 짙어가는 들 울림
뻐꾸기 긴— 들 울림 일손 재촉한다
들 울림이 울린다

# 산촌 이야기

실개천 고랑
물총새 물장구치고
소금쟁이 옹달샘 헤엄치는 곳
버들강아지 솜털 뭉개고
묵정밭 냉이
언덕배기 찔레순 향기를 바라본다

영그는 들녘 바람
익어가는 바람 소리
누런 벼 이삭에 튀는 메뚜기
높은 가지
엉성하게 매달린 감

세찬 바람에 일렁이는
나뭇가지 사이 골목길 모퉁이
까치 가족 구멍가게 들렀네
골라 먹는 재미 솔솔
깍깍— 짹짹—

감꽃 주워 먹고
목걸이 만들던 추억 길
떫은 향수 입안 가득 맴도네

# 삶이란

가까이 보니 욕심 욕망이었다
빨리 뛰며 숨 가쁘게 걸었다
급한 세월은 빨리 지나갔다
빠른 인생길은 좁은 길만 보였다
주변의 모습을 느리게 걸으며 볼 수 없었다
멀리서 보니 두고두고 읽는 책장 넘기는 소리였다

삶은
봄 묵정밭 뒹군 나숭개
여름 도라지밭의 노오란 참외
가을 단풍 깻잎향
겨울 수북이 소근소근 소리 없이 쌓인 눈

삶은
가까이서 본 욕망
멀리서 본 두고두고 본 흑백사진 한 장
두고두고 읽는 책장 넘기는 소리
문고리 잡고 나와 본 세상은 하이얀 도화지 이야기

# 산길

산촌에는
산딸기 농익어가는 그리움이 있다
새빨간 열매 또옥똑 거두어
차곡차곡 보고픔 담은 시름 잊고
어서 오기만 한다면
새콤달콤 입맞춤시켜주마

## 매화

집 모퉁이
찬 바람 만나며 사는 매화나무
가지가지 마디에 볼 발그레한 꽃망울

봄 기다리며
눈에 비친 나약한 겨울 햇살
어서 가자 재촉하고
가까이 다가간 콧김마저 반긴다
복숭아 살구나무 친구가 가까이 있어
눈 내리고 찬 바람마저 몽글대는 겨울이 외롭진 않다

# 순정

해맑은 미소 짓는 오이꽃
청순한 여인 가지꽃
만인의 사랑 호박꽃
백지사랑 박꽃
순수한 순정 도라지꽃
임 그리는 달 달맞이꽃
초롱별 닮은 토마토꽃
금니 숨긴 수염옥수수
그녀 입술 닮은 앵두
하트사랑 자두
풋사연 실은 풋사과
노란 병아리 골담초
붉은 사랑 담은 산수유
넓고 푸짐한 사랑 접시꽃
자주감자 닮은 감자꽃
백년사랑 목매인 토란꽃
첫사랑 목걸이 감꽃

# 진심

잘 다녀와요
눈가 촉촉이 적신 맺힌 물방울
내미는 손 잡아준 값진 사랑
그 체온 그 정성 사랑을 품고
하얀 침대 강한 원색 큰 조명
숨 고르기 10초
눈을 떴다
흰 실개천 따라 흘러 이어져
온혈관 돌고 돌아 넘나드는 생명수
한 방울씩 떨어지고 있었다
가보지 못한 세상 길
생명선 뛰는 그래프
어서 가고 싶다 보고 싶다
노오랑 민들레 피어 노는 날
뻐꾸기 긴 목청 산울림 남겼지
자운영 물결 이는 뫼산리 논두렁
호밋자루 들어보니 그날이 피어오른다
오가피 가시 돋아난 밭모퉁이
아내가 잎 따서 담았지
아카시아 향기 들녘에 드는 날이었지

# 산딸기 잔치

붉은 가지에 초록의 잎사귀 사이 펼친 꿈
하얀 꽃잎 노란 꿀 향기
세일 수 없는 잉—잉 세상
한낮 음악회인가
삶의 자연현장인가

서로 다툼 없는 꿀 밥상
넉넉한 결실로
한 움큼 또옥똑 손가락 구부린 손바닥 접시에
안기는 즐거움으로 보답했지요
입안을 달콤새콤 적셔주며
왕성하고 화려했던 한 시절
큰 잔치 마치고 묵은 나무 헐벗은 팔 내민
가시고기 되어 아기 지켜보네
아이,
앙상한 팔뚝에 하얀 솜이불일랑 덮어주렴

# 타는 농심

감자 삶은 열기 속에
몸을 비틀며 참아내고 있는 너를 보니
어깨가 축축 늘어지고
얼굴이 노랗고
입술마저 바싹 말랐구나
뭐,
손발이 저리고
머리가 따갑다고

맺힌 열매까지 식은땀 흘리는 몸부림

저리 처참하게 타는 너의 모습
마른 바람에 시달리고
더운 햇살에 절여지는
너를 바라만 보고 있는 나약함

목마른 대지에 흙먼지 이는 밭 골목길
농심 모르고 발끝 주인만 보며 기다리는 너
나도 너를 위해
너를 애타게 기다린다

# 산촌의 사계(四季)

냉이 옷 적신 봄비
봄맛을 알리려
아기 장다리 봄 이슬 부른다
봄은 봄에 젖나 보다

농심의 길고 깊은 신음을 아는가
목마른 논에 물꼬 터주는
장맛비 소나기 천둥 번개 닮은 물줄기

깊은 산간
아직도 남아돌고 도는 물레방아 언덕마루
억새풀 수염 흔들며 귀뚜라미 부른다
연지 곤지 고루 바른 산촌은 풍성하다

그 옛날의 것이 내려
산마루 들마루
하얀 밀가루로 덮였다

마음은 지난날의 멋을 누리지 못하고 헤매인다
맑게 갠 겨울 하늘 푸르고
솔바람 송송 나부끼고 남녘 매화 바람 살살 불어오는데
내 마음 한 곳은 왜 이다지 더 차가운가

# 언제쯤

강화 북산
북장대에 올라 개성 쪽 보아하니
북녘 찬 이슬 녹슨 철조망에 알알이 맺혔구나
웅어리진 한숨 소리 헐벗은 황토빛 산허리를 맴도는구나
절규하는 대남방송 큰 소음에
기러기 떼 북녘 신음 메고 남녘으로 몰려오네
끼르륵 끼르륵 끼끽 끼르 끼르륵
언제인가 언제이려나
철조망에 사랑 자물쇠 매달고 소통할 날이 오늘인가 내일인가

강화 남산
남장대에 올라 서울을 보아하니
웃음꽃 만발한 푸른 숲에 남풍 매화 향 그윽하구나
고려산 보아하니 진달래가 고려 향 품고 기슭을 감도는구나

# 제5부

# 정 쌓이는 언덕

# 추곡(秋穀)

계절
문수산 해오름 방향 변하고
햇살 받아 뻗은 옥림 황금 들녘
해 넘는 북산까지 찬란하누나
찬 바람 일렁이고
고려산 높이 걸친 손톱 닮은 달
더욱 가을을 재촉하누나

힘들다 하면서도
들손은 바쁘다

수확이 많다면
더 힘들 텐데

들마루 가을은 고맙다
더더욱 힘을 들인다

# 그렇게 살지요

시를 읽는 이의 가슴을 헤집고 들어가
교감하는 능력을 부여하지요
도시에서 느낄 수 없는
냄새는 없지만 향기를 맡고
소리는 없지만 소리를 듣고
빛은 없지만 빛을 보고
말은 없지만 말할 수 있고
먹을 수 없지만 먹을 수 있고
계절 가는 대로 풍경에 살지요
풍경을 먹지요
유년 시절 고향의 바람을 맞으며 바람을 먹지요
숲 내음의 그리움에 취해 그리움을 먹지요
옆에 두고 싶은 것 있지만 없으면 어때요
생각하기 나름인 것을
행복에 젖어 들며 살지요

# 계절의 맛

왕매미의 새벽녘 합창
볼에 스치는 찬 기운에 식었다
짧아진 하루
해 질 녘 매미의 소리는 멈춤의 아쉬움 속에 날갯짓한다
배추 심기에 김장 김치 맛이 먼저 밭고랑에 흐른다
흔들리는 깻잎 사이로 귀뚜라미 가을 재촉하고
옷깃에 스친 깻잎 향이 제법 깊어졌다
단풍 깻잎 차곡차곡 따서
계절을 준비해야 하나 보다
아내의 손이 바빠졌다
깻잎 향이 숨 가쁘다

# 산

산중
맑은 노래 새소리
흐르는 맑은 물소리
신선한 바람 소리
청량한 햇살 소리

산속 세상의 풀들은
서로를 사랑하며 풀 향기 돋운다
나무는 사랑 노래 부르며 흥겨운 춤을 보탠다
바위도 물이끼 베고 누워 자연을 좋아한다

서로 스치는 자연은 선물을 준비한다

## 아름다운 사람

꽃보다
당신은 아름다운 사람

꽃을 좋아하는 당신
기쁨으로 아름다운 마음을 갖게 하지요

들녘 바람 먹은 작은 제비꽃
산기슭 양지 녘 햇살 먹은 복수초
묵정밭 별님 달님 사랑 먹은 냉이

철쭉꽃 함박꽃을 좋아하는 당신
즐거움으로 아름다운 정신을 갖게 하지요

꽃을 좋아하는 당신
고마움으로 사랑하는 마음을 갖게 하지요

꽃은 많은 사람을 아름답게 하는 마법의 마음을 지녔다
그렇지만
당신은 그 꽃보다 아름답다고 느끼는 향을 지녔기에

당신은 아름다운 사람
꽃보다

## 사랑길

정들면 내 사랑
정 떠나면 남 사랑

봄바람 자운영 물결 타고 정이 들고
봄비 흙고을 적시는 훈훈한 사랑

더운 바람 정자바람
소나기 장미길 터주는 더운 사랑

단풍잎에 푹 익은 사연 적어
차곡차곡 쌓고 싶은 사랑

찬 바람 눈보라 타고 정 떠나고
겨울비 고드름 세우는 차가운 사랑

# 뒷사랑

내 뒷바라지 40여 년
가을 국화 같은
구절구절 사연도 많았지

매화 향 다가오는 희소식

당신 배려하는 40여 년
못다 남은 사연 살고 싶소

장미 향 피어오르고
꽃밭 향 재촉하는 벌 나비
달콤한 사랑 나누며 꿀 파티 하네

벌 나비 손끝에 풍성하고 그윽한 전원
아무렴, 당신이 피워준 꽃만 하겠소

# 아쉬움

너무 아쉬워
지난 후 후회하는 내 모습
어찌하며 인생을 살았는가
뒤돌아본다
잘남과 못남이 무엇인가
인생 계절이 있었지
한 철 한 철마다
어차피 가는 인생
다 같은 걸
같은 길을 가는 걸
삶이고 인생인 걸
삶의 길 인생의 길

# 열매

꽃 피우고
열매 맺는 삶을 느끼면서
진한 땀방울 맺히는 영(嶺)을 넘어
서로 엉켜 익어가는 세월
어느덧 옆을 보니 찬 바람만 잔잔히 일고
솜사탕 닮은 몽근 눈 뿌려주는 여기 와 있네
하지만 앙상한 가지에 쌓인 눈 녹아 고인
고로쇠 물 같은 세월이 흐르고 있네

살구 꽃 사랑
앞만 보고 가다가
어느 날 뒤돌아보니
벌써 여기까지 와 있네

열매 맺자고 아파하고 목말라하고
향기를 주고 아름다움을 뽐내며
사랑을 나누고 있네

# 추억 더듬는 기억

바람은 계절마다
오며 가며 정 나누고
잦은 사연 나른다
꽃 찾아 맴돌던 잉—윙 선율
노오랑 치맛자락 펼친 치어걸 율동
봄 머금은 파릇한 냉이도 있었다
찬 이슬 길목
드러누운 누런 은행잎
빛바랜 삶의 사진 엿보인다
연한 저녁 바람
귀뚜라미 목맨 아쉬움
구슬픔 스민 사연
마음이 저리다
고추잠자리 색조화장 나서고
황금물결 이는 하늘
기러기 고공행진 서두른다
억새 갈대 들녘
은빛 머리꽃 피운다
따뜻한 호박죽 한 그릇
해 질 녘 노을 담는다
산 그림자 짧아
한 잎 두 잎 열두 잎
지나간 계절 아쉬움 남는다

# 정

강설이 훑고 지나가
산바람 일고 더 추웠다
어린 병아리들은 추위에 떨고 있었다
이내 아버지는 발간 화로를 들고 들어오셨다
주위에 모여앉아 어린 손을 비벼대니 볼이 불그스레하다

비록 오늘은 오는 이 없지만
기다림 있어 오는 길 기웃대니 들바람 눈보라 세차다
부지깽이 휘휘 저어 화로에 불을 담아
불을 쬐어보며 그 옛날을 그려본다
애간장마저 태우고 있건만 그리움이 빈 가슴을 적신다

# 행복

눈 떠보니
가장 고마운 사람이
가까이 있어서

가까이하고 싶은 사람이
옆에 있어서

보고 싶은 사람이
보고 있어서

오늘
참 고맙고 행복하다

# 쇠 울음

밤낮 가리지 않고
울어대는 쇠 울음소리

일하고 싶어서
세월을 말하고 싶어서
가고 싶어서
주고 싶어서
남기고 싶어서

촘촘히 박힌 방충망
모자이크 세상

방충망에 갇힌 모자이크 세상
울음소리 거르지 못하네

모자이크 얽힌 세상
퍼즐 조각 난 세상

조각 사연 맞춰지지 않으면 어쩌지

# 의지

나약한 심신
비닐 침상에 누워
작은 창문 너머
층층 불빛
새로운 삶이 아닌
묵은 사연 있었지
하얀 불빛
초라하고 쓸쓸해

따뜻한 온기
겨울 돌담에 기대어
봄의 숨결 기다리누나
일상 오고 가는 길이련만
오고 가는 길을 좋아하는 것을 좋아하지 않는다
언젠가 혼자 가는 길
누군가 불편함 싫어하는 것을 싫어하지 않는다

# 사제 풍경

울 밖으로 나온
어미 닭과 다섯 병아리
고기 두 판 숯불 위
어미 닭 가위집게 들었네
꾸구 구꾸 꾸꾸 꾸꾸구 구구꾸
병아리 먹기 바쁘고
한 손에 콜라
한 손에 사이다 들었네
어미 닭 구구대며 뒤집네
스텐 컵에 담긴 물만 비우며
꾸구 구꾸 꾸꾸 꾸구

# 만남

만남은 헤어짐을 예고하는가
만남은 슬픔과 즐거움이 있다
울음으로 세상을 만났지
즐거운 탄생의 만남

축복에 에워싸인 만남
만났다 헤어짐의 예행연습
스친 인연 연분으로 맺은
예고되는 이별의 만남을 두고

만남은 이별을
이별은 만남을 기다린다
축복에 싸인 이별의 만남은
또 다른 축복의 만남이 있다

# 진달래 축제

달콤한 사탕보다 진한 정성
진달래 색동옷 능선 고려산 밑에
진달래꽃 입에 물고
진달래 입술 달군
고려인의 사랑 보인다
고려인의 향
진달래 사랑방에 소곤대는 이야기
고려의 산성에 스며 있는 고려 이야기
녹아 흐르는 그 시절의 사랑 이야기
성곽에 들러붙은 검버섯 꽃 촉촉이
세월을 깨운다

# 합창제

밤의 교향곡
개구리 열혈 합창
맹꽁이 반주

푸른 들마루
자운영 카펫 무대
임 그리는 뻐꾸기

한낮
매미의 힘찬 외침

익어가는 가을
귀뚜리 서정 가요

까치의 기상나팔
아침 행진곡

# 산촌의 봄

인적 드문 산기슭
이끼 낀 물방아
도는 내력 모르고
하염없이 흐르는 물 따라
옛날을 돌리네

나숭개 옷 적신 봄비
봄맛 알리고
아기 장다리 봄 이슬 부르네
봄은 봄에 젖어 드네

임자 없는 산촌의 그네
바람만이 찾아와 흔들고
흙먼지 쌓여 앉아 있네
행여 오는 임자 있을까 그리워
빈 그네 바람마저 임자 모습 그리네

# 자연과 동화된 삶과 그리움의 노래

김 전(시인 · 문학평론가)

## 1. 들어가기

일찍이 C.D. 루이스는 "인간은 태어나면서부터 시인이었다."라고 역설적 의미를 피력한 적 있다. 인간은 태어날 때 울음을 터뜨린다. 그 울음소리가 고통 소리거나 기쁨의 소리거나 감정적 요소를 지니고 있다는 주장이다.

다시 말하면 시(詩)라는 것은 정서의 표출이라는 뜻이다. 워즈워스나 윈체스터 등 많은 사람들도 인생을 해석할 땐 감정 즉 정서를 언급했다. 시의 구성요소 중에서 상상력을 가장 중요시한다. 창조적 상상력은 체험을 바탕으로 하고, 이를 적절히 결합시킨 것이다.

『오솔길 정원』에서도 작가의 독창적 정서가 표출됐으며 창조적 상상력으로 이루어져 있다. 이 작품집의 제재는 유년의 추억에서 건져 올려졌다. 또 고향과 부모님을 그리워하는 원형적인 정서를 나타내어 독자들에게 감동을 자아내고 있다.

德松 김용섭 시인의 작품은 쉽게 읽히면서 잔잔한 울림을 주고 있다. 동시대를 살았던 사람들에게 공감을 주고 있다. 경험의 공유가 이루어지기 때문에 추억의 강물 속에서 함께 수영을 하게 된다.

김용섭의 첫 시집 『오솔길 정원』을 함께 사유하면서 감동과 공감을 향유해 보자.

## 2. 사유의 숲속에서

### 1) 유년의 강물에서

인생살이에서 주마등처럼 흘러가버린 강물은 돌아오지 않는다. 사람은 추억을 먹고 자란다는 말이 있다. 특히 시골에서 물장구치고 검정 고무신 신고 가난도 넉넉함으로 알고 서로를 아끼던 시절이 있었다. 감자가 익어가고 산딸기가 입안을 촉촉이 적시는 시를 음미해 보자.

> 시간은 그대로 흐르고 가는데 천천히 가고 싶네/ 뻐꾸기 목청 쉴 때 산딸기 익어가고// 덜 여문 감자 깨어 둥근 바구니에 담아/ 달챙이 긁던 누님/ 우물가 봉선화가 쳐다보았었지/ 감자 씻어 삶던 냄새가 그립다// 오늘 아침부터 시누이에게 산딸기 한 움큼 따서 보낸다니/ 왜 이다지 딸기 따는 내 손도 빨라질까/ 마음이 고맙다/ 손끝마저 빠알갛게 익어가고/ 감자 익어가는 향까지 붉게 물든다/ 딸기 향이 입안을 가득 메운다/ 코끝을 촉촉이 적신다/ 산딸기 따라 내 얼굴도 붉어진다

— 「심사(心思)」 전문

여기에서 중심 소재는 뻐꾸기, 산딸기, 감자, 봉선화가 시골의 맛을 듬뿍 담아오고 있다. 뻐꾸기 목청으로 산딸기 익어간다는 인과적 묘사가 재미있다. 후각적 감각과 시각적 묘사의 정서로 이 작품이 구축되어 있다. 산딸기 따라 말갛게 익어가고 감자 익어가는 향까지 붉게 물든다고 하였다. "산딸기 따라 내 얼굴도 붉어진다"에서 물아일체를 이루고 있다. 이 작품은 향토적이다. 유년의 꿈이 작가의 가슴에 고스란히 남아 있음을 알 수 있다. 가난도 사랑 앞에선 고개를 숙일 수밖에 없다.

광주리는 물건을 넣어 이동시키는 도구이다. 광주리는 우리들의 애환이 담겨 있다. 추억의 광주리를 감상해 보자.

> 모내기 농군 손길 바삐 움직이고/ 뻐꾸기 재촉하누나/ 이제 오나 저제 오나 허리 펴며 돌린 고개// 광주리 담긴 정성 탁주 대접 보이네// 뻐꾸기 오늘인데 그 옛날 그리운 정 보고 싶네/ 광주리 담긴 사연 고봉밥만큼 그립네/ 황새 부부 기웃대고/ 뜸부기 엿보네/ 토끼풀 잔디 위 펼쳐진 흐뭇한 인정 푸짐도 하제
>
> —「광주리」 전문

농촌에서는 일을 하면 새참을 먹는다. 이는 일하다가 식사 사이에 탁주와 간단한 음식을 먹는 것을 말한다. 새참 시간은 음식 외에도 휴식을 취할 수 있기에 더욱 즐겁다. 여기서 새참을 담아온 광주리는 정으로 대체된다. 이 시에서 광주리를 정으로 환치시킨 점은 시적이다. "광주리에 담긴 사연 고봉밥만큼 그립네"에서는 향

토적인 냄새가 물씬 풍긴다. 낯설기 기법으로 나타내어 시적미감을 한껏 높이고 있다. 깊은 사유에서 나온 체험의 작품들이다. 작품마다 사랑이 담겨져 있다. 이 밖에도 「흐른 세월」 「딸기」 「산촌 이야기」 「그래도」 등에서도 싱싱한 유년의 추억을 건지고 있다.

### 2) 고향에 대한 그리움

사람이 고향을 그리워하는 것은 원초적인 본능이다. 수구초심(首丘初心)이란 말도 있다. 여우도 죽을 때 자기가 살던 굴 쪽으로 머리를 둔다고 한다. 그러니 고향에 대한 정서를 표출하고 싶은 것은 당연한 이치다. 김용섭의 작품 속에는 많은 작품들이 고향의 향수를 묘사하고 있다.

> 찬란한 영광 이룬/ 물길 긴 골짜기 굽이굽이 섬진 300리 금강 300리/ 물총새 제비 잠자리 물춤 추는 곳/ 싱그러운 풀/ 생동감 있는 나무/ 참선하는 바위// 솟은 산 휘도는 맑은 구름/ 아름다운 햇살/ 상큼한 바람// 선비 열녀 충신 충효의 산실// 빼어 닮은 드높은 기상/ 벅찬 긍지/ 멋진 자부심/ 사랑 깃든 인심/ 청정 먹을거리/ 변절 없는 인간미// 산도 물도 바람도 구름도 햇살도 인정도/ 잘 있어줘서 고마워요
>
> —「고향 예찬」 전문

시인은 고향에 대한 자부심을 갖고 있다. 전북 장수에서 어린 시절을 보낸 작가는 고향에 대한 남다른 애착을 갖고 있음을 엿볼 수 있다. 물총새, 제비, 잠자리, 나무,

바위, 산, 물 등 자연 속에서 열녀와 충신들이 많이 배출된 곳이라고 했다. 자연에 대하여 감사한 마음도 나타내었다. 자연과 동화되어 살아가는 삶을 제시하였다. 마지막 연 "산도 물도 바람도 구름도 햇살도 인정도/ 잘 있어줘서 고마워요"에서 변함없는 자연에 대한 애착이 대미(大尾)를 장식하고 있다.

전원적인 삶을 누리고자 염원하는 작품이 또 있다.

> 용마산 기슭/ 아카시아 향 그리울 적/ 뻐꾸기 울음 듣고 싶기도 하겠지// 이별의 아쉬움 때문에/ 추억의 둥지를 품고/ 마음짐 버리고/ 어깨짐 버리고/ 개구리 소리 듣는 것/ 맑은 바람 소리 듣는 것// 시골에서 산다는 것은/ 단순하게 사는 것/ 자연을 닮아 사는 것/ 새로운 길 알려주고/ 새로운 자연의 멋 주는 것/ 보물을 찾는 것 아닌// 시골에 산다는 것은/ 마음짐 버리고/ 어깨짐 버리고/ 골담초 되어 사는 것
>
> —「귀향(歸鄕)」 전문

「귀향」에서도 티 없이 맑은 마음으로 자연과 벗 삼아 살고 싶은 시적자아의 마음이 잘 나타나 있다. 모든 것 다 내려놓고 '개구리 소리', '맑은 바람 소리'를 들으며 자연을 닮아가고 싶다는 시적자아의 바람이 이 작품의 주제를 만들고 있다. 수구초심의 마음은 인간이라면 누구에게나 아련한 추억으로 남아 있을 것이다. 옛날 선비들이 낙향하여 자연과 벗 삼으며 학문을 연구하고 거닐던 모습이 떠오른다. "마음짐 버리고/ 어깨짐 버리고/ 골담초 되어 사는 것"으로 마지막 연을 맺고 있다. 골담

초는 식물이다. 자연에 대한 은유적인 표현이다. 이 작품은 보편적인 사람의 정서를 대변하고 있다. 이외에도 「봉숭아」「고향」「장마당」「들마루 풍경」에서도 고향에 대한 그리움이 묻어 있다.

### 3) 삶의 여울목에서

시는 정서의 표출이다. 그렇다고 아무렇게나 표출하면 되는 것이 아니다. 응축하고 비유하고 정서를 감각화시켜 시적 미감을 높여야 한다. 삶이란 고달프지만 의미있는 일이 많다. 시인은 사소한 삶일지라도 그것을 놓치지 않고 시적 재료로 이용해야 한다. 훈훈한 사랑이 넘치는 작품들은 삶의 활력소가 되기도 한다.

> 강설이 훑고 지나가/ 산바람 일고 더 추웠다/ 어린 병아리들은 추위에 떨고 있었다/ 이내 아버지는 발간 화로를 들고 들어오셨다/ 주위에 모여앉아 어린 손을 비벼대니 볼이 불그스레하다// 비록 오늘은 오는 이 없지만/ 기다림 있어 오는 길 기웃대니 들바람 눈보라 세차다/ 부지깽이 휘휘 저어 화로에 불을 담아/ 불을 쬐어보며 그 옛날을 그려본다/ 애간장마저 태우고 있건만 그리움이 빈 가슴을 적신다
>
> —「정」 전문

이 작품에서 아버지의 사랑이 느껴진다. 추위와 화로는 상반되는 시어이다. 들바람 눈보라의 극한 속에서 느끼는 아버지의 사랑을 에둘러 묘사하고 있다. 수필은 직선이고 시는 곡선이다. 이런 의미에서 이 작품은 성공한

작품이라고 볼 수 있다. 화로는 아버지의 사랑으로 환치시켜놓았다. 병아리는 자식들을 비유하고 있다. 마지막 행에서 "애간장마저 태우고 있건만 그리움이 빈 가슴을 적신다"에서 감각적 묘사를 통하여 시의 맛과 멋을 느끼게 한다.

다음에서 어머니에 대한 사랑을 감상해 보자.

> 어서 가자고 귀뚜리는 더욱/ 어머니의 그리움으로 세상살이를 하고 있다/ 어머니가 살았던 세상을 살고 있다/ 누에의 어머니 뽕잎 뽕잎을 먹고 자라고/ 뽕잎에 비치는 햇살이 그리움 끈 되어/ 뽕잎 먹여 자식 뒷바라지하던 그림을 만나고 싶다/ 어머니와 함께한 그림/ 하얀 속을 드러내는 박속처럼 어머니는 흰머리 되어/ 그 멀은 설움을 어찌 가셨나요/ 나는 어머니의 그리움을 닮은/ 엄마 호박처럼 살고 싶다/ 방 한쪽 윗목엔 호박이 자리하고/ 포근한 함박눈이 유난히 많은 곳이었다/ 눈길을 만들며 이웃간 서로 만나 인사 나누던/ 그만큼 베품이 푸짐했었지/ 그날을 더욱 그립게 한다/ 눈을 쓸면서 성실함과 근면함을 배웠던 시절/ 여기 그날 되어 어머니와 함께한 눈이 쌓인다/ 오늘 눈 내리는 도심에서/ 나의 길을 쓸어내리는 사람이 없어/ 빌딩 사이 바람마저 차갑다
>
> —「산초(山草)」 전문

어머니를 회상하면서 어머니의 사랑을 노래하고 있다. 귀뚜리는 시적자아이다. 누에를 먹여 자식을 키우신 어머니, 박속처럼 속을 비우고 흰머리 날리면서 돌아가신 어머니를 생각하고 있다. 어머니의 성품을 호박에 비

유하고 있다. 호박은 둥글고 서민적이다. 어머니와 함께 한 그 시대를 그리워하고 있다. 오늘의 현실은 각박하다. 현실을 빌딩, 바람으로 나타내어 푸근했던 과거의 삶에 차가운 현실을 대조시켜 놓았다. 산업화로 지금은 잘 살고 있으나 이웃 간의 소통과 정이 넘치는 그때 그 시절의 인간미를 찾아볼 수 없다. 산초를 디테일하게 그리고 있다. 한 편의 풍경화를 보는 것처럼 느껴진다.

> 친구/ 어느 더운 여름날/ 매미마저 목마름을 달래고픈 날/ 목소리도 쉬었네/ 쉰 막걸리 냄새 찾아/ 주막에 엉거주춤 서서/ 사발에 푹 퍼준/ 새끼손가락 휘휘 저어/ 엄지 담가 끌어 올려/ 사발 입술에 입맞춤하지/ 손등으로 입술 닦는 즐거움이여/ 쉰 막걸리 익어가는 냄새 찾아/ 소리 찾아 함께 또 가고 싶네/ 친구여 늙고 시들어가는 것이 아니고/ 그날은 잊고 살았네/ 그날이 다시 온다면…
>
> —「탁주」 전문

이 작품도 체험에서 우러나온 작품이다. 체험과 상상을 동원하여 친구 간의 우정을 그리고 있다. "매미마저 목마름을 달래고픈 날"에서 목마름을 감각적 이미지로 나타내었다. 옛날 주막집에서 탁주를 마시던 모습이 선하게 떠오른다. 탁주는 서민적인 술이다. 친구와 소통하면서 마시는 막걸리 맛은 어디에도 비교할 수 없을 것이다. 탁주를 마시면서 친구를 생각하는 시적자아의 마음을 엿볼 수 있다. 인간적이고 순수한 인간의 본성을 여과 없이 잘 묘사하였다. 시는 인간에게 감동을 주는 데 목적이 있다. 이런 작품은 동시대를 살았던 사람에게 공감을 불러일으킬 수 있다. 잊고 살았던 그 시절이 소록소록 돋아나는 작품이다.

**4) 사랑의 길목에서**

정서의 표출이 시라면 그중에서도 사랑이 으뜸이다. 많은 사람들이 사랑에 대한 노래를 많이 하고 있다. 순수한 사랑은 진주보다 더 빛난다.

> 언제 피나 감꽃/ 감또개 꿰어 목에 걸어/ 잠긴 순정 첫 단추 풀던/ 풋사랑 뭉글뭉글/ 피어오르던 시절// 입안에 든 감꽃 순정이/ 떨떠름합니다// 감꽃 피는 그날이 그립습니다/ 두 번째 단추도 풀어/ 사랑하고 싶습니다
>
> —「감꽃」 전문

감나무 밑에서 감꽃을 실에 꿰어 감꽃 목걸이를 걸어준 소녀에게 걸어주는 순수한 사랑이다. 배고픈 시절, 감꽃은 허기를 채워주는 먹거리였던 시절이 있었다. 떨떠름한 맛이지만 맛있게 먹었다. 감또개(감을 쪼개서 말린 것)를 목에 걸어주던 순수한 사랑을 엿볼 수 있다. 솜털 같은 순수의 극치를 보여주고 있다.

이 작품에서도 감각적 묘사를 통하여 진하게 배어 있는 사랑을 드러내고 있다. 마지막 연 "두 번째 단추도 풀어 사랑하고 싶습니다"에서 많은 것을 생각하게 만들고 있다. 독자들에게 생각할 수 있는 여백을 주는 이런 작품이야말로 좋은 작품이라고 말할 수 있다. 또 사랑을 상징하는 꽃들을 나타내면서 감각적 이미지화에 성공하고 있다.

잘 다녀와요/ 눈가 촉촉이 적신 맺힌 물방울/ 내미는 손 잡아준 값진 사랑/ 그 체온 그 정성 사랑을 품고/ 하얀 침대 강한 원색 큰 조명/ 숨 고르기 10초/ 눈을 떴다/ 흰 실개천 따라 흘러 이어져/ 온혈관 돌고 돌아 넘나드는 생명수/ 한 방울씩 떨어지고 있었다/ 가보지 못한 세상 길/ 생명선 뛰는 그래프/ 어서 가고 싶다 보고 싶다/ 노오랑 민들레 피어 노는 날/ 뻐꾸기 긴 목청 산울림 남겼지/ 자운영 물결 이는 뫼산리 논두렁/ 호밋자루 들어보니 그날이 피어오른다/ 오가피 가시 돋아난 밭모퉁이/ 아내가 잎 따서 담았지/ 아카시아 향기 들녘에 드는 날이었지

—「진심」 전문

한평생 살아온 아내는 반려자요, 친구요, 간호사이다. 극한 상황에서 아내의 사랑을 진심으로 느낀 정서를 시로 나타내었다. 아내가 잡아준 손의 체온, 정성, 사랑은 글로 표현할 수 없는 무한의 사랑이다. 여기서 민들레, 뻐꾸기, 자운영, 뫼산리, 논두렁, 호밋자루, 오가피, 아카시아 등의 시어를 통하여 잊히지 않는 사랑을 나타내었다. 시적자아가 자란 환경적 배경은 전원적이다. 자연과 동화될 수 있는 영원한 고향이다. 누구나 고향을 그리워하며 사는 것은 당연한 일이다. 이 작품은 한마디로 서경적이다. 행간마다 사랑이 넘쳐흐르고 있다.

시는 시인의 성정(性情)에서 나온다. 아름다운 마음에서 아름다운 시를 창작할 수 있다. 삶 자체가 사랑이다. 사랑을 하면서 살아가는 것은 행복이다. 향기를 주는 사랑의 노래를 들어보자.

꽃 피우고/ 열매 맺는 삶을 느끼면서/ 진한 땀방울 맺히는 영(嶺)을 넘어/ 서로 엉켜 익어가는 세월/ 어느덧 옆을 보니 찬 바람만 잔잔히 일고/ 솜사탕 닮은 몽근 눈 뿌려주는 여기 와 있네/ 하지만 앙상한 가지에 쌓인 눈 녹아 고인/ 고로쇠 물 같은 세월이 흐르고 있네// 살구 꽃 사랑/ 앞만 보고 가다가/ 어느 날 뒤돌아보니/ 벌써 여기까지 와 있네// 열매 맺자고 아파하고 목말라하고/ 향기를 주고 아름다움을 뽐내며/ 사랑을 나누고 있네

—「열매」 전문

우리가 살아가는 삶이 팍팍할지라도 사랑이 있으면 아름다운 세상이다. 모든 것 마음먹기에 달려 있다. 꽃 피우고 열매 맺는 것이 삶이 아니겠는가?

3연으로 이루어진 작품이다. 1연은 삶의 모습을 제시하고 있다. 찬 바람 불고 눈 오고 시련 속에서도 세월은 흘러간다는 것을 묘사했다. 2연은 사랑으로 앞만 보다가 달려온 자신의 모습을, 3연은 성공하기 위한 각고의 노력과 사랑의 실천을 제시하고 있다. 누구나 사랑 속에서 행복한 삶을 누리고 싶어 한다. 여기서 열매는 사랑으로 이루어진 결과이다. 德松 김용섭 시인은 사랑의 시인이다. 은유적인 표현과 감각적 묘사를 통하여 이미지를 잘 나타내고 있다.

## 3. 나가기

德松 김용섭 시인의 첫 시집 『오솔길 정원』은 삶에서

우러나온 경험의 작품이다. 자연과 동화된 그리움의 얼굴들이 가슴으로 다가온다. 김용섭 시인의 작품은 체험을 통한 작품으로 독자들에 감동과 공감을 준다. 그의 작품집을 살펴보면 다음과 같은 특징이 있다.

첫째, 유년의 추억과 고향에 대한 그리움, 부모님에 대한 효도, 삶의 모습들을 한편의 영상으로 나타내고 있다.
둘째, 감각적 이미지화를 통하여 시적 극대화를 이루고 있다.
셋째, 사랑의 메시지를 전달하는 메신저로서 역할을 다하고 있다.
넷째, 창조적 상징으로 시의 새로운 의미부여에 성공하고 있다.

자연과 고향에 대한 그리움이 다양한 모습으로 환치되어 환한 표정으로 나타나고 있다. 삶을 바라보는 작가의 성품은 긍정적이고 자연친화적이며, 된장 뚝배기같이 구수하고 열무김치같이 얼큰한 맛이다. 토속적이고 향토적인 작품이 동시대를 살아가는 사람에게 감동과 공감으로 다가온다.

『오솔길 정원』의 첫 시집 발간을 축하한다. 이 작품집이 앞으로 독자들에게 사랑받는 작품집이 되길 기원한다.

문학세계대표작가선 866

# 오솔길 정원

김용섭 시집

인쇄 1판 1쇄 2018년 10월 19일
발행 1판 1쇄 2018년 10월 27일

지 은 이 : 김용섭
펴 낸 이 : 김천우
펴 낸 곳 : 도서출판 천우
등　　록 : 1992. 2. 15. 제1-1307호
주　　소 : 서울시 성동구 무학봉28길 6 금용빌딩 2F
전　　화 : 02)2298-7661
팩　　스 : 02)2298-7665
http://moonhak.wla.or.kr
Email : chunwo@hanmail.net



값 10,000원



ISBN 978-89-7954-735-1

이 도서의 국립중앙도서관 출판예정도서목록(CIP)은 서지정보유통지원시스템 홈페이지(http://seoji.nl.go.kr)와 국가자료공동목록시스템(http://www.nl.go.kr/kolisnet)에서 이용하실 수 있습니다. (CIP제어번호: CIP2018032626)